Die Top-10-Sehenswürdigkeiten von Wien

Stephansdom (siehe Seite 11)
Wahrzeichen Wiens und eine der
schönsten gotischen Kirchen der Welt

Schloss Schönbrunn (Seite 58)
Barockes Meisterwerk und
Sommerresidenz der Habsburger

Prater, Riesenrad (Seite 68)
Großer Vergnügungspark und
Naherholungsgebiet der Wiener

Wiener Hofburg (Seite 48)
Historisch gewachsenes Kaiserviertel
mit der Neuen Hofburg als Krönung

Wiener Staatsoper (Seite 35)
Eines der bedeutendsten
Musiktheater der Welt

Karlskirche (Seite 33)
Fischer von Erlach, Star-Architekt
seiner Zeit, schuf dieses Barockjuwel

Wiener Rathaus (Seite 44)
Eines von vielen historistischen
Bauwerken an der Ringstraße

Kaisergruft (Seite 21)
Begräbnisstätte der Habsburger und
Habsburg-Lothringer in Wien

Naschmarkt (Seite 34)
An den 120 Marktständen wird seit
mehr als einem Jahrhundert gehandelt

Donauturm (Seite 70)
Das höchste Bauwerk Österreichs (252
Meter) bietet herrliche Ausblicke

Wienerinnen und Wiener, die Sie kennen sollten ...

Der liebe Augustin *(*1643; †1685 in Wien); legendärer Sänger; trat regelmäßig am Wiener Fleischmarkt auf, wo heute eine Gedenktafel an ihn erinnert (siehe Seite 28).*

Johann Bernhard Fischer von Erlach *(*1656 in Graz; †1723 in Wien); Barock-Architekt; errichtete Schloss Schön-brunn, die Karlskirche, die Nationalbibliothek, etc.*

Maria Theresia *(*1717; †1780 in Wien); führte die Regierungsgeschäfte für ihren Gatten, Kaiser Franz I. Stephan; errichtete Schloss Schönbrunn und den Redou-tensaaltrakt der Hofburg.*

Wolfgang Amadeus Mozart *(*1756 in Salz-burg; †1791 in Wien); lebte zehn Jahre in Wien und schuf hier große Opern wie etwa die „Zauberflöte" (siehe Seite 20).*

Johann Strauss *(Sohn, *1825; †1899, jeweils in Wien); Kapellmeister und Komponist; „Walzerkönig"; wurde mit dem Donauwal-zer sowie Operetten („Die Fledermaus") weltberühmt.*

Kaiser Franz Joseph (*1830; †1916 in Wien); saß 68 Jahre lang auf dem Thron Österreich-Ungarns; sein Tod leitete den Untergang der k.u.k. Monarchie ein.

Elisabeth von Österreich-Ungarn („Sisi", *1837 in München; †1898 in Genf); Tochter eines bayrischen Herzogs; heiratete Franz Joseph 1854 in der Augustinerkirche.

Otto Wagner (*1841; †1918 in Wien); bedeutendster österreichischer Architekt um das Fin de siècle; Stadtplaner; erlangte mit seinen Jugendstilbauten Weltruhm (siehe Seite 31).

Gustav Klimt (*1862; †1918 in Wien); bedeutender österreichischer Maler und Vertreter des Wiener Jugendstils; seine Gemälde erzielen heute Preise bis zu 90 Millionen Euro.

Arthur Schnitzler (*1862; † 21. Oktober 1931; in Wien); österreichischer Dramatiker; Vertreter der Wiener Moderne; Werke: „Die Traumnovelle", „Das weite Land".

Friedensreich Hundertwasser (*1928 in Wien; †2000 Neuseeland); österreichischer Maler und Designer; gilt als „Gaudí Wiens" (Hundertwasser-Haus, siehe Seite 72).

Über den Gebrauch dieses Stadtführers

Herzlich willkommen! Mit dieser Publikation möchten wir Ihnen zu einem Überblick über die Sehenswürdigkeiten von Wien verhelfen. Egal, ob Sie nur wenige Stunden oder mehrere Tage für die Erkundung der Stadt haben: Wir empfehlen Ihnen im geografischen (und spirituellen) Zentrum der Stadt zu beginnen, mit dem ...
Stephansdom

Anschließend an die Besichtigung der Domkirche möchten wir Sie zu einem Rundgang durch die Wiener Innenstadt einladen. Dort, wo heute die Ringstraße verläuft, befand sich im Mittelalter die Stadtmauer. Wir bleiben zunächst innerhalb des Rings und nennen dieses Kapitel deshalb ...
Rundgang durch das Wien des Mittelalters

Dieser erste Rundgang durch die Innenstadt endet bei der Dominikanerkirche. Nur wenige Gehminuten weiter, bei der Urania, beginnt eine zweite Tour: Sie ist der Wiener Ringstraße gewidmet, deren Paläste ab 1860 anstelle der alten Stadtmauer errichtet wurden.
Wiens Prachtstraße: Der Ring

Aufgrund ihrer Komplexität haben wir auch für die Wiener Hofburg ein eigenes Kapitel vorgesehen. Je nach Zeitbudget können Sie die Gebäude, Plätze und Denkmäler der Kaiserzeit aber auch in einen der beiden genannten Rundgänge integrieren.
Das kaiserliche Wien: Die Hofburg

Ähnlich wie für die Hofburg braucht es auch für Schloss Schönbrunn ein eigenes Kapitel. Für die Besichtigung der ehemaligen kaiserlichen Sommerresidenz sollten Sie einen ganzen Tag einkalkulieren, auch, um den schönsten Zoo Europas besuchen zu können!
Schloss Schönbrunn

Der Gürtel ist ein weiterer Straßenring um Wien, der in etwa drei bis sechs Kilometern Entfernung vom Stephansdom verläuft. In diesem Kapitel sind Sehenswürdigkeiten zusammengefasst, die sich noch innerhalb des Gürtels bzw. nahe dem Stadtzentrum befinden und mit öffentlichen Verkehrsmitteln schnell und problemlos erreicht werden können.
Belvedere, Prater, Hundertwasser & Co.

Der Stephansdom

Der Stephansdom ist das Wahrzeichen von Wien und das bedeutendste gotische Bauwerk Österreichs.

An der Stelle dieses monumentalen Gebäudes stand bereits 1147 – inmitten eines Friedhofes – eine romanische Kirche. Die Westfassade des heutigen Baus mit ihren beiden Heidentürmen und dem Riesentor stammt noch aus dem 13. Jahrhundert. Zwischen 1304 und 1340 ließen die Herzöge Albrecht I. und Albrecht II. den Albertinischen Chor errichten; 1433 wurde der knapp 137 Meter hohe Südturm vollendet. Ein Sonderfall ist der kleine Nordturm, den der Baumeister Hans Puchsbaum um 1450 eigentlich noch größer und prunkvoller als den Südturm geplant hatte. Bis heute ist ungeklärt, ob die Arbeiten im Jahr 1515 aus wirtschaftlichen Gründen eingestellt wurden, oder ob der gotische Baustil bereits damals nicht mehr dem Zeitgeist entsprach. In jedem Fall misst der Turm heute nur 68 Meter. Seinen Abschluss, eine markante Renaissance-Haube der Brüder Saphoy, erhielt der Torso erst 1578. Einige Teile der Innenausstattung wie die Domkanzel und der Orgelfuß (erbaut zwischen 1511 und 1516) gehen auf den Bildhauermeister Anton Pilgram zurück. Nach einer Barockisierung ab Mitte des 17. Jahrhunderts ist dieses gotische Inventar heute jedoch nur noch lückenhaft vorhanden. Keiner der ehemals 34 gotischen Flügelaltäre ist erhalten geblieben. Der Wiener Neustädter Altar von 1447, ein kunstgeschichtlicher Schatz der heutigen Ausstattung, kam erst 1883 in die Domkirche.

Während der Dom im Zweiten Weltkrieg kaum beschädigt wurde, richtete ein von Plünderern gelegtes Feuer im April 1945 großen Schaden an. Der Dachstuhl brannte aus, die große, 22 Tonnen schwere Domglocke, die „Pummerin", stürzte aus dem Glockenstuhl in die Tiefe. Der Wiederaufbau des Doms begann sofort nach Kriegsende; 1952 wurde er mit dem Einzug der neu gegossenen Glocke wieder eröffnet.

© Schottenstift / Wien

Das Altarbild der Schottenkirche von 1474 zeigt den Stephansdom bereits weitgehend so, wie wir ihn heute kennen.

Ehe Sie den Stephansdom betreten laden wir Sie ein die Domkirche von außen zu betrachten und – wenn Sie ausreichend Zeit haben – auch zu umrunden. 343 Stufen führen hinauf in die Turmstube des mächtigen gotischen Südturms, lassen Sie sich den Ausblick nicht entgehen (täglich von 9.30 bis 17 Uhr, € 4,50)!

Eingangsportal mit den beiden Heidentürmen und dem Riesentor, 13. Jahrhundert.

Ein Sonderfall: Der kleine Nordturm mit der markanten Renaissance-Haube.

Im Verhältnis zur mächtigen Domkirche ist der Stephansplatz eher klein geraten.

Das Dach der Domkirche ist mit rund 230.000 Dachziegeln bedeckt.

Sie betreten (und verlassen) den Stephansdom durch das Riesentor. Die Domkirche ist von 6 bis 22 Uhr geöffnet (sonn- und feiertags ab 7 Uhr). Während der Gottesdienste können Teile des Doms nicht besucht werden. Es gibt ein breites Angebot an Führungen (u.a. Domkirche, Katakomben, Südturm, Domschatz), das „All-Inclusive-Ticket" kostet € 17,90.

Einige Teile der Innenausstattung, etwa die Domkanzel, gehen auf den Bildhauermeister Anton Pilgram zurück.

Bild oben rechts: Selbstporträt Meister Anton Pilgrams am Orgelfuß.

Bild oben links: Detail am Fuße der Domkanzel: der Fenstergucker.

Bild links: Nach einer Barockisierung ab Mitte des 17. Jahrhunderts ist dieses gotische Inventar heute nur noch lückenhaft vorhanden. Keiner der ehemals 34 gotischen Flügelaltäre ist erhalten geblieben. Der Wiener Neustädter Altar von 1447, ein kunstgeschichtlicher Schatz der heutigen Ausstattung, kam erst 1883 in die Domkirche.

Das eindrucksvolle gotische Deckengewölbe
der dreischiffigen Kathedrale.

Besondere Aufmerksamkeit verdient die
Dienstbotenmadonna (um 1300).

Der Hochaltar ist ein frühbarockes Meisterwerk der Gebrüder Pock.

Das Gnadenbild der Madonna von Pötsch
befindet sich seit 1697 im Stephansdom.

17

Historische Ansicht Wiens, um 1493: Gut zu erkennen der mächtige Stephansdom, die Kirche „Maria am Gestade" (rechts) sowie das Stadttor gegen Nordosten, das Rotenturmtor.

Wien um das Jahr 1780: Innerhalb der mächtigen Stadtmauern befindet sich der Stadtkern aus dem Mittelalter, dem wir uns in diesem Kapitel widmen möchten.

Rundgang durch das Wien des Mittelalters

Im 9. Jahrhundert besaß Wien zwar eine Burg, einen Markt (Hoher Markt) und eine Kirche (Ruprechtskirche), geschichtliche Bedeutung erhielt die Stadt aber erst ab 1130, als die Babenberger den Handelsplatz erwarben. Der sich sodann rasant vollziehende Aufstieg Wiens hing eng mit Heinrich II. (1107–1177) zusammen, der Wien 1145 zur Hauptstadt des späteren Herzogtums Ostarrichi (Österreich) machte. An einem Platz, der heute noch „Am Hof" genannt wird, ließ er einen Palast samt Wirtschaftsgebäuden errichten. Im Jahr 1147 wurde, damals noch außerhalb der Stadtmauern, eine kleine Kirche geweiht – dort, wo heute der Stephansdom steht. Heinrich II. stiftete auch das Schottenkloster, in dem er selbst begraben liegt.

Herzog Leopold V. (1157–1194) ließ mächtige Stadtmauern errichten, die beiden Haupttore zur Stadt waren im Mittelalter das Kärntnertor im Süden und das Rotenturmtor im Norden. Die Kärntnerstraße wurde erstmals 1257 erwähnt, zwischenzeitlich hieß sie auch Karnerstraße und später Venedigerstraße, da sie im weiteren Verlauf bis nach Venedig führte. Zentraler Ort des Adriahandels war der Neue Markt, der mit der Größe von zwei Fußballfeldern ausreichend Platz für die unzähligen Händler, Handwerker und Kaufleute bot.

Da die Stadt rasch wuchs, folgten dem Schottenstift bald weitere Klöster: zuerst das der Franziskaner, dann das der Dominikaner und schließlich das der Augustiner. Um 1500 waren 750 Mönche für die Seelsorge der etwa 20.000 Einwohner Wiens tätig. Bereits 1237 wurde eine „Schule bei St. Stephan" erwähnt; gegenüber der Domkirche befindet sich bis heute die um 1320 gegründete Feldapotheke Zum goldenen Greif, nun Alte Feldapotheke.

Große Gefahr ging von Stadtbränden aus, die oft bis zu einem Drittel der Stadt zerstörten. Beim Bau der Stadtmauer perfektionierte man das Bauen mit Stein, Dächer wurden mit Ziegeln gedeckt, es folgten Rauchfänge, Feuermauern und Zinnen.

In Aufzeichnungen aus dem 13. Jahrhundert wurde auch ein Henker erwähnt, der später sein Quartier in der Rauhensteingasse bezog. Dieses Schergenhaus diente auch als Gefängnis und Folterkammer.

Kaiser Ferdinand I. brachte um 1500 eine Art Tennisspiel aus Spanien mit nach Wien, woraufhin Ballspielhäusern entstanden. Bis in unsere Zeit erinnern Straßennamen wie Ballgasse oder Ballhausplatz (heute Sitz des Bundeskanzleramtes) daran.

Wenn Sie den Stephansdom durch das Riesentor verlassen, sehen Sie linkerhand eine markanten Glasfassade, jene des 1990 eröffneten Haas-Hauses. In diesem Bereich heißt der Stephansplatz Stock-im-Eisen-Platz. Zwei breite Einkaufsstraßen nehmen hier ihren Ausgang, der Graben und die **Kärntner Straße.**

Die Kärntner Straße gab es in Wien schon zu Zeiten der Römer. Im Mittelalter verband sie das Stadtzentrum mit dem Kärntner Tor, heute ist sie eine Einkaufsstraße, wie man sie in jeder größeren europäischen Stadt findet.

© Mozarthaus Vienna/David Peters

Kleiner Abstecher, Teil 1: Reizvolle, verwinkelte Gassen finden Sie hinter dem Stephansdom. In der Domgasse wohnte einst Mozart, heute erinnert hier ein Museum an ihn.

Kleiner Abstecher, Teil 2: Wenn Sie von der Kärntner Straße in die Weihburggasse abzweigen, erreichen Sie sogleich den malerischen Franziskanerplatz.

Ehe Sie die Ringstraße erreichen, sehen Sie rechterhand zunächst das berühmteste Hotel der Stadt, das Hotel Sacher, sowie die Wiener Staatsoper (siehe Seite 35). Wenn Sie nun ein Stück zurück Richtung Stephansdom gehen und auf Höhe der Johannesgasse links abzweigen, erreichen Sie den **Neuen Markt.**

© Van Bokel / picturedesk.com

Der Neue Markt ist einer der ältesten Plätze Wiens und wurde bereits 1234 erstmals urkundlich erwähnt. Den Brunnen schuf der berühmte Barockbildhauer Georg Raphael Donner in den Jahren 1737 bis 1739. Bild links: Unter der eher unscheinbaren Kapuzinerkirche am Neuen Markt, vollendet 1632, befindet sich die Kaisergruft.

Rundgang durch das Wien des Mittelalters

FRANZ JOSEPH
1830–1916

Die Kaisergruft ist seit 1633 die Begräbnisstätte der Habsburger und Habsburg-Lothringer, beginnend mit Kaiserin Anna (†1618) bis zum letzten Kaiser, Karl (†1922). Das Bild zeigt die Grabstätten von Kaiserin Elisabeth ("Sisi", 1837–1898, Sarg links), Kaiser Franz Joseph I. (1830–1916, Mitte) und Kronprinz Rudolf (1858–1889, rechts).

Gehen Sie nun über den Neuen Markt und die Seilergasse zurück Richtung Stephansdom und Sie erreichen eine weitere Einkaufs- und Flanierstraße, den **Graben.** Am Ende des Platzes zweigen Sie links ab in den **Kohlmarkt.**

![Graben in Wien]

Heute Prachtstraße und noble Einkaufsmeile, befand sich hier zur Römerzeit tatsächlich ein Graben, der im 12. Jahrhundert im Zuge einer Stadterweiterung zugeschüttet wurde. Interessante Gebäude sind das barocke Palais Bartolotti-Partenfeld (Nr. 11) sowie der 1894/95 von Otto Wagner errichtete Ankerhof (Nr. 10).

Nur einen Steinwurf vom Graben entfernt, in der Dorotheergasse, eröffnete Leopold Hawelka (1911–2011) im Jahr 1939 gemeinsam mit seiner Frau Josefine sein legendäres Kaffeehaus. Bis kurz vor seinem Tod war er fast täglich für ein paar Stunden in seinem Café.

Versäumen Sie nicht die an barocken Kunstschätzen reiche Peterskirche (geweiht 1733) auch von innen anzuschauen!

Die Dreifaltigkeitssäule am Graben ließ Kaiser Leopold I. im Jahr 1679 als Dank für eine überstandene Pestepidemie errichten.

Aufgrund der vielen Juweliere und Nobelboutiquen wird der Kohlmarkt gerne als Luxusmeile bezeichnet, nirgendwo in Wien sind die Geschäftsmieten höher als hier. Der Name stammt noch aus dem 14. Jahrhundert, als hier Holzkohle verkauft wurde.

Im 270°-Panorama, von links: Das Looshaus gilt als eines der zentralen Bauwerke der Wiener Moderne (erbaut 1909/10); der Kohlmarkt; die Michaelerkirche ist einer der wenigen romanischen Bauten in Wien (errichtet um 1220); Michaelertor (siehe Seite 53).

Wenn Sie den Kohlmarkt hinauf spazieren kommen Sie zum **Michaelerplatz.** Wir empfehlen Ihnen nun die Wiener Hofburg zu besichtigen (siehe ab Seite 48) und Ihren Innenstadt-Rundgang anschließend in der **Herrengasse** fortzusetzen. Am Ende der Herrengasse angelangt, haben Sie einen weiteren sehenswerten Platz der Wiener Innenstadt erreicht, die **Freyung.**

Im Palais Ferstel in der Herrengasse, ehemals Sitz von Nationalbank und Börse, begrüßt heute das Café Central seine Gäste.

Ein kleiner Abstecher zur Minoritenkirche lohnt sich. Sie ist eines der schönsten gotischen Bauwerke Wiens.

Mit ihren prächtigen Stadtpalästen ist die Freyung einer der schönsten Plätze der Wiener Innenstadt. Das im Jahr 1155 gegründete Schottenstift prägt ihn bis heute. Die Schottenkirche selbst ist romanisch-gotischen Ursprungs und somit steinalt, wurde jedoch mehrfach umgebaut und Mitte des 17. Jahrhunderts barockisiert.

Bitte gehen Sie nun die Freyung hinunter Richtung Stephansdom, nach wenigen Schritten sehen Sie linkerhand den **Platz am Hof.** Anschließend überqueren Sie diesen Platz und erreichen so den **Judenplatz.**

Der Platz Am Hof ist historisch bedeutend: Hier, im Zentrum des mittelalterlichen Wiens, residierten zwischen 1155 und etwa 1280 die Vorgänger der Habsburger, die Babenberger. Die Alte Jesuitenkirche ist im Kern gotisch, erhielt aber nach einem Brand 1607 eine eindrucksvolle Barockfassade.

Platz am Hof: Die schöne Barockfassade des Bürgerlichen Zeughauses.

Auf dem Judenplatz – im Mittelalter das Zentrum der jüdischen Gemeinde in Wien – erinnert ein Mahnmal an die Ermordung von 65.000 österreichischen Juden im Zweiten Weltkrieg.

Verlassen Sie nun das Jüdische Viertel über die Fütterergasse. Indem Sie die Wipplinger Straße überqueren gelangen Sie zur Kirche **Maria am Gestade.** Dann gehen Sie zurück zur Wipplingergasse, diese führt zum **Hohen Markt.**

1709 bis 1714 erbaute Fischer von Erlach die Böhmische Hofkanzlei, heute Sitz des Verfassungsgerichtshofes.

Maria am Gestade ist eine der ältesten Kirchen in Wien, ihr typisch gotischer Turmhelm wurde 1428 vollendet.

Der Hohe Markt – im Mittelalter Hauptmarkt – ist der älteste Platz Wiens. Der Vermählungsbrunnen entstand 1792.

Die im Jahr 1914 fertiggestellte Ankeruhr am Hohen Markt ist ein Meisterwerk des Jugendstils.

Rundgang durch das Wien des Mittelalters

Wenn Sie vom Hohen Markt in die Judengasse einbiegen, erreichen Sie nach wenigen Schritten die **Ruprechtskirche.** Über den **Fleischmarkt** und die Postgasse führt unser Weg zur **Jesuitenkirche** und endet bei der **Dominikanerkirche.**

© Steinhilber/laif.de

Am Fleischmarkt siedelten sich ab etwa 1700 griechische Kaufleute an, die sich im Griechenbeisl in der Griechengasse trafen.

Die erstmals 1200 urkundlich erwähnte Ruprechtskirche ist die älteste noch erhaltene Kirche Wiens. Das Gotteshaus ist dem heiligen Rupert, dem Schutzpatron der Salzschiffer und Stadtgründer Salzburgs geweiht. Die engen Gassen rund um die Ruprechtskirche sind aufgrund der vielen Kneipen eine beliebte Ausgehmeile, auch Bermuda-Dreieck genannt.

Rund um das Griechenbeisl soll sich der Legende nach um 1680 ein Sänger herumgetrieben haben, der liebe Augustin.

Dem Bildhauer Andrea Pozzo verdankt die frühbarocke Jesuitenkirche ihr heutiges Aussehen.

Mehr als 40 Jahre, bis 1674, dauerte der Bau der barocken Dominikanerkirche, Wiens zweitgrößtem Gotteshaus.

Rundgang entlang der Sehenswürdigkeiten der Ringstraße

Als die mittelalterliche Stadtmauer rund um den Kern der Wiener Innenstadt Mitte des 19. Jahrhunderts jede militärische Bedeutung verloren hatte, standen die Befestigungen der rasanten Stadtentwicklung im Wege. Am 20. Dezember 1857 traf Kaiser Franz Joseph I. deshalb die Entscheidung, die Stadtmauer abreißen zu lassen und einen Boulevard an ihrer statt zu bauen.

Der Ring ist ein annähernd kreisförmiger Straßenzug mit gut fünf Kilometern Länge. Er ist unterteilt in neun Abschnitte, vom Stubenring bis zum Schottenring. Einzig der nordöstlich am Donaukanal gelegene Franz-Josefs-Kai durchbricht das strenge geometrische Muster der Straßenführung.

Unser Rundgang beginnt und endet am Donaukanal, wobei wir die Ringstraße im Uhrzeigersinn beschreiten. Ausgangspunkt ist deshalb ein Gebäude, das – als Kino und Sternwarte – einst dem Fortschritt gewidmet wurde, die **Urania.**

Die Urania wurde 1909/10 nach den Plänen des Jugendstilarchitekten Max Fabiani, einem Schüler Otto Wagners erbaut. Die Nutzung als Kino und Sternwarte blieb bis heute unverändert, das Erscheinungsbild prägt der markante 36 Meter hohe Sternwarteturm.

Mit dem Postsparkassengebäude, das als Schlüsselwerk der Wiener Jahrhundertwende gilt, schuf Otto Wagner 1904 bis 1912 sein bedeutendstes Bauwerk.

Als erster Museumsbau an der Ringstraße wurde ab 1869 das heutige Museum für Angewandte Kunst (MAK) errichtet (reizvolle Fassade im Neorenaissancestil).

Im Wiener Stadtpark befindet sich eines der am häufigsten fotografierten Denkmäler Wiens: das vergoldete Bronzestandbild von Johann Strauss (Sohn). Es stammt von Edmund Hellmer und wurde am 26. Juni 1921 enthüllt.

Rundgang entlang der Sehenswürdigkeiten der Ringstraße

An die Versorgung der Stadt mit Hoch-quellenwasser (seit 1873) erinnert dieser Brunnen auf dem Schwarzenbergplatz.

Für Musikliebhaber hat der im Jahr 1870 eröffnete Wiener Musikverein große Bedeutung.

Zu den bekanntesten Jugendstilbauten Wiens zählt die im Jahr 1899 eröffnete Station Karls-platz der ehemaligen Wiener Stadtbahn. Mit der Umstellung auf den U-Bahn-Betrieb (1976 bis 1981) wurde die Station stark verändert, die beiden von Otto Wagner errichteten, mit Ornamenten reich verzierten Pavillons blieben jedoch bestehen.

Im Goldenen Saal des Musikvereins findet alljährlich das Neujahrskonzert der Wiener Philharmoniker statt.

Die Karlskirche zählt zu den bedeutendsten Barockkirchen nördlich der Alpen. Ihre italienische Prägung verdankt sie ihrem Baumeister, dem in Rom geschulten Johann Bernhard Fischer von Erlach, einem Star-Architekten der damaligen Zeit. Die Fassade entspricht einem griechischen Tempelportikus, die beiden flankierenden Säulen haben die Trajanssäule in Rom zum Vorbild.

Der Naschmarkt ist eine Wiener Spezialität, sein buntes, geschäftiges Treiben trägt viel Lebensfreude in die Stadt. Um 1780 wurde der Markt von der Freyung hierher verlegt, seine heutige Form mit den typischen Ständen entstand während des Ersten Weltkriegs. Von Montag bis Samstag werden hier Obst, Gemüse, Backwaren, Fisch und Fleisch gehandelt, dazu gibt es eine mittlerweile große Zahl von Restaurants.

Im Jahr 1897 spaltete sich eine Gruppe Bildender Künstler um den Maler Gustav Klimt vom konservativ geprägten Künstlerhaus ab und gründete die Vereinigung der Wiener Secession – damit war der Wiener Jugendstil, auch Secessionsstil genannt, geboren. Bereits ein Jahr nach der Gründung wurde das Ausstellungshaus Secession nach Entwürfen des Otto-Wagner-Schülers Joseph Maria Olbrich erbaut.

Wenn Sie unserer Route gefolgt sind, dann haben Sie sich ein gutes Stück von der Ringstraße entfernt. Gehen Sie nun zurück zum Ring, durch die Operngasse erreichen Sie die **Wiener Staatsoper** (siehe auch Bild Seiten 36/37).

Als 1857 die Entscheidung zum Bau einer Prachtstraße fiel, wurde das damalige k.k. Hof-Operntheater – die heutige Wiener Staatsoper – als erster Monumentalbau dieser Straße geplant. Das Theater im Stil der Neorenaissance wurde von den Wiener Architekten August Sicard von Sicardsburg und Eduard Van der Nüll entworfen und mit der Uraufführung von Mozarts „Don Giovanni" am 25. Mai 1869 eingeweiht.

Die prunkvolle Feststiege der Staatsoper.
Bild Seiten 36/37: Die Staatsoper vom Ring aus betrachtet.

Der Wiener Opernball ist das wichtigste gesellschaftliche Ereignis Österreichs. Seine Ursprünge reichen bis ins Jahr 1877 zurück.

Rundgang entlang der Sehenswürdigkeiten der Ringstraße

Wenn Sie dem Ring weiter im Uhrzeigersinn folgen, sehen Sie rechterhand die Hofburg, die wir aufgrund ihrer Komplexität in einem eigenen Kapitel besprechen (siehe Seite 48). An dieser Stelle geht es mit dem **Museumsbezirk** weiter.

© www.fotojulius.at

Die beiden Gebäude des Kunsthistorischen und Naturhistorischen Museums sind exakt symmetrisch angelegt. Sie sind Teil des nur partiell vollendeten Kaiserforums, einem von Gottfried Semper erdachten Architekturprojekt, das die Krönung der Ringstraße hätte werden sollen. Das Denkmal zwischen den beiden Zwillingsmuseen zeigt Kaiserin Maria Theresia. Das „Kunsthistorische" ist aus den Sammlungen der Habsburger hervorgegangen und zählt zu den weltweit bedeutendsten Museen dieser Art.

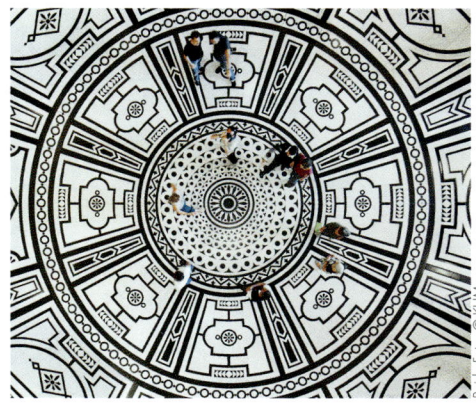

Beide Fotos © KHM

Das Kunsthistorischen Museum wurde 1891 eröffnet und wird jährlich von mehr als einer Million Besucher besucht. Im Bild: Stiegenaufgang sowie Vestibül.

Bedeutende Exponate aus dem Kunsthistorischen Museum:

Rembrandt (1606–1669):
„Das große Selbstbildnis"

Peter Paul Rubens (1577–1640):
„Das Pelzchen" (Ausschnitt)

Albrecht Dürer (1471–1528):
„Kaiser Maximilian I."

Pieter Bruegel der Ältere (um 1525–1569):
„Die Bauernhochzeit" (Ausschnitt)

Alle Fotos © KHM

Rundgang entlang der Sehenswürdigkeiten der Ringstraße

Lust auf einen Einkaufsbummel? Die Mariahilfer Straße beginnt beim **Museumsquartier** und ist die wichtigste Einkaufsstraße von Wien. Seit 2013 ist der Boulevard für den Autoverkehr gesperrt, geben Sie jedoch acht auf die rasanten Wiener Radfahrer!

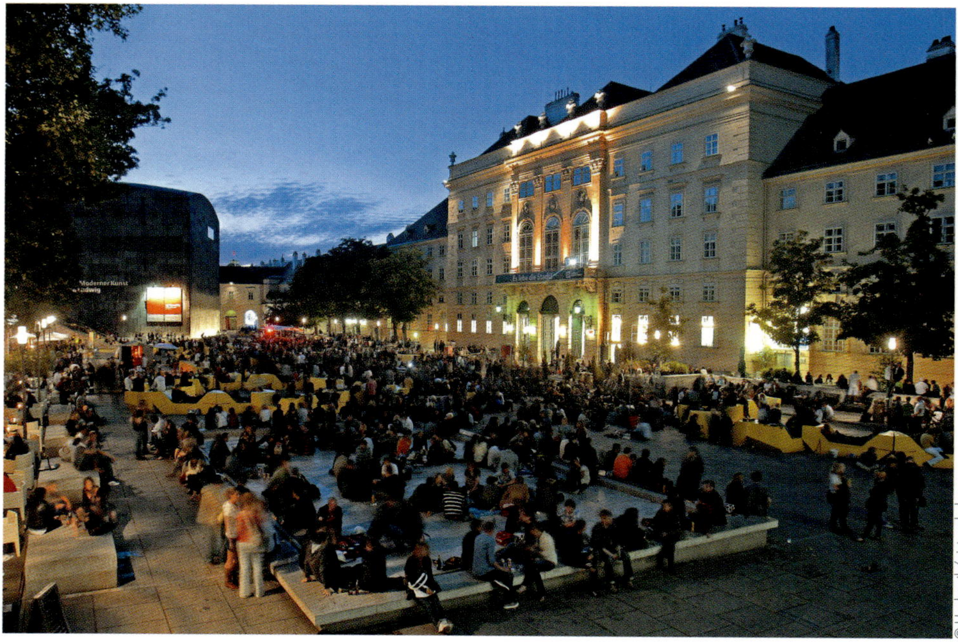

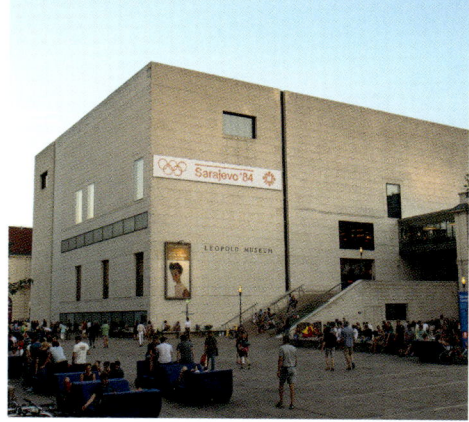

© Hochmuth/picturedesk.com

Eine Erfolgsgeschichte ist das 2001 eröffnete Museumsquartier. Während die ehemaligen kaiserlichen Hofstallungen (1725 von Joseph Emanuel Fischer von Erlach errichtet) der Gegenwartskunst gewidmet sind, befinden sich in den zwei neuen Museumsbauten Ausstellungen zu folgenden Schwerpunkten:

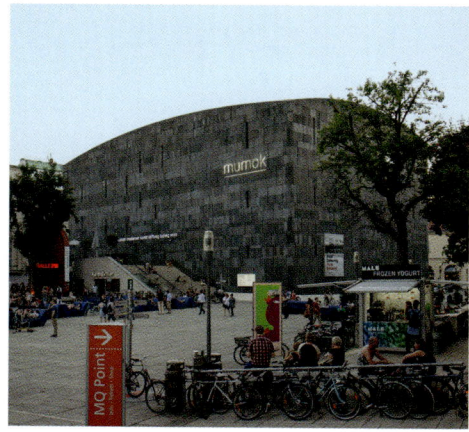

Die Sammlung Leopold ist für ihre außergewöhnliche Schiele- und Klimt-Sammlung bekannt …

… während das MUMOK Werke der klassischen Moderne (Warhol, Picasso, Beuys, Johns) zeigt.

Im Parlament tagt das gesetzgebenden Organ der Republik Österreich, der Nationalrat. Das Gebäude wurde von Theophil von Hansen im griechisch-römischen Stil entworfen und im Dezember 1883 eingeweiht. Über einem Brunnen vor dem Parlament steht die vier Meter hohe Figur der Pallas Athene.

Hinter dem Parlament befindet sich der Wiener Justizpalast, 1875 bis 1881 von Alexander Wielemans von Monteforte im Stil der Neorenaissance erbaut. Genießen Sie den traumhaften Ausblick von der (öffentlich zugänglichen) Cafeteria auf der Dachterrasse!

Auf der Ringstraße gegenüber stehen sich das Wiener Rathaus (oben) und das Burgtheater (unten rechts), der Rathausplatz liegt dazwischen.

Einst Ort politischer Kundgebungen, finden am Rathausplatz heute viele Veranstaltungen – vom „Wiener Eistraum", über den Weihnachtsmarkt bis zum schrillen „Life Ball" – statt.

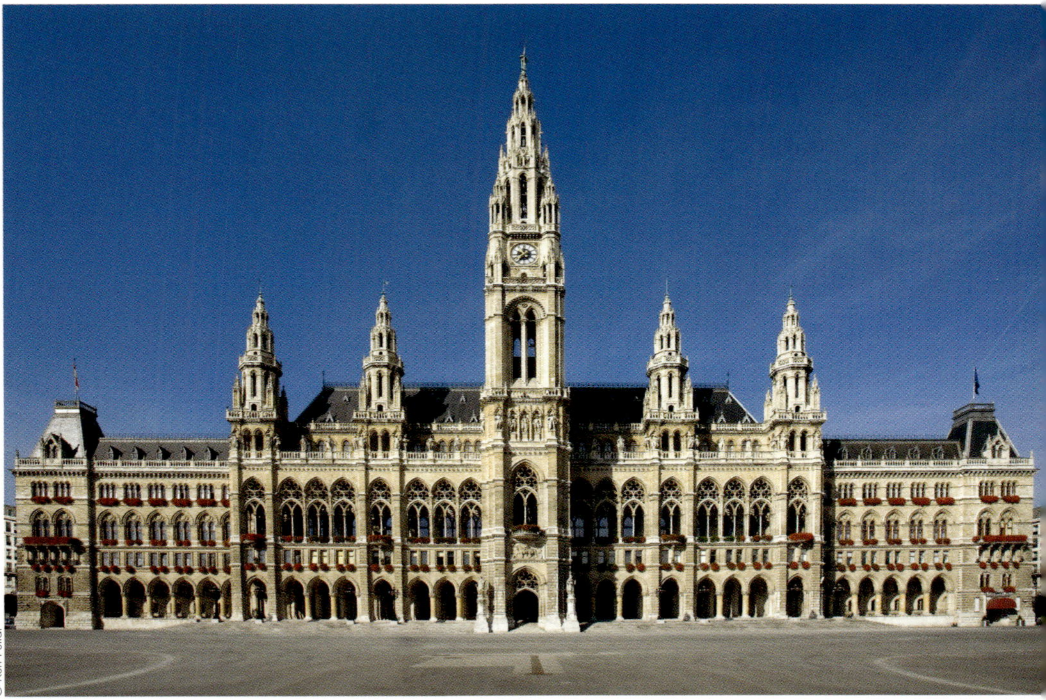

© Kurt Pultar

© Gerhard Vlcek

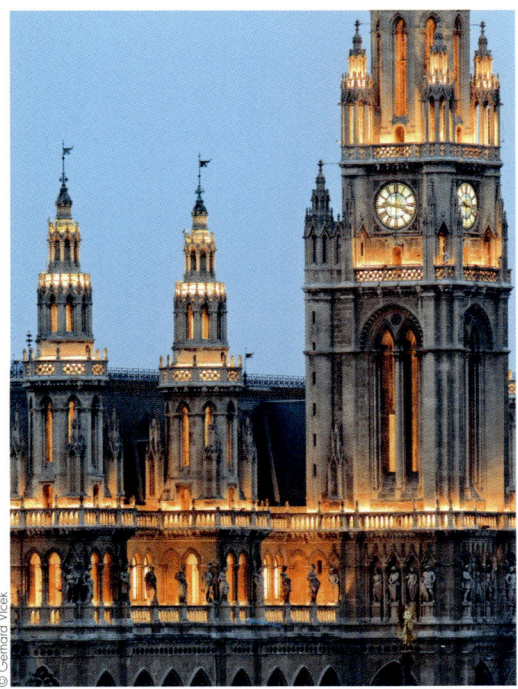

Als Wien im Jahr 1850 durch die Eingemeindung einiger Vorstädte erheblich wuchs, errichtete man an der Ringstraße ein neues, größeres Rathaus. Die Fassade ist ein herausragendes Beispiel für einen Profanbau der Neugotik. Das Gebäude ist 152 Meter lang, 127 Meter breit und hat 1575 Räume.

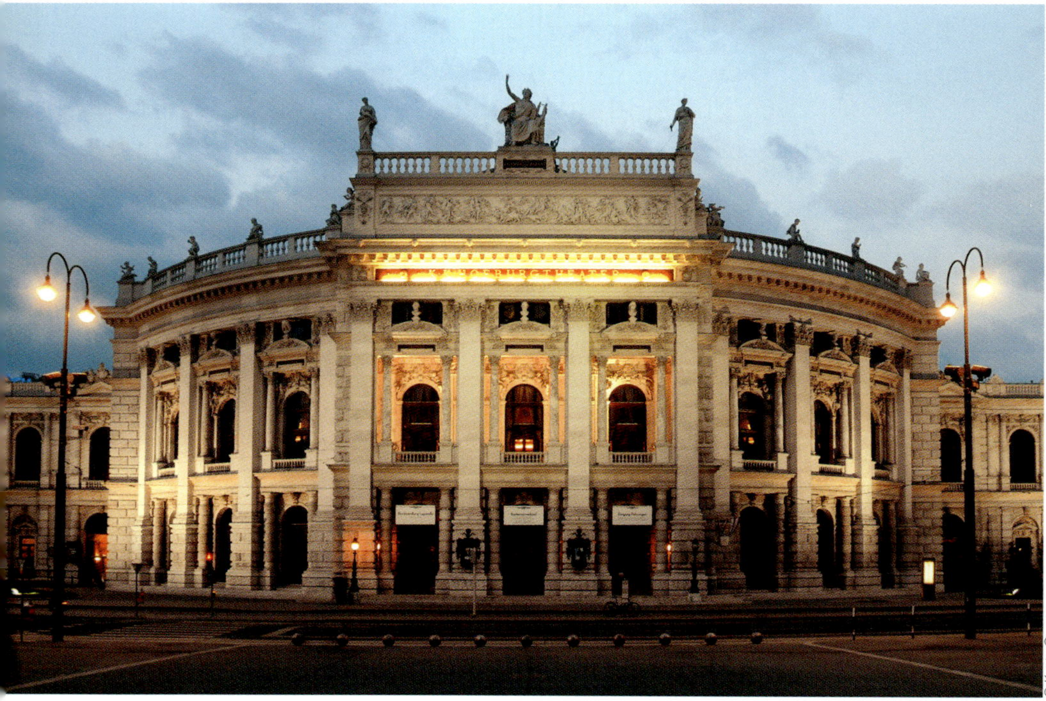

© Katrin Georg

Eines der bedeutendsten Sprechtheater Europas ist das Wiener Burgtheater. Bis 1888 befand sich das Theater am Michaelerplatz nahe der Hofburg, dann übersiedelte man in das neubarocke Haus an der Ringstraße. Nach einem Bombenangriff 1945 brannte das Gebäude aus und konnte erst zehn Jahre später wiedereröffnet werden. An den Deckengemälden der beiden Stiegenhäuser arbeitete auch Gustav Klimt.

Beide Fotos © Burgtheater, Soulek/Werner

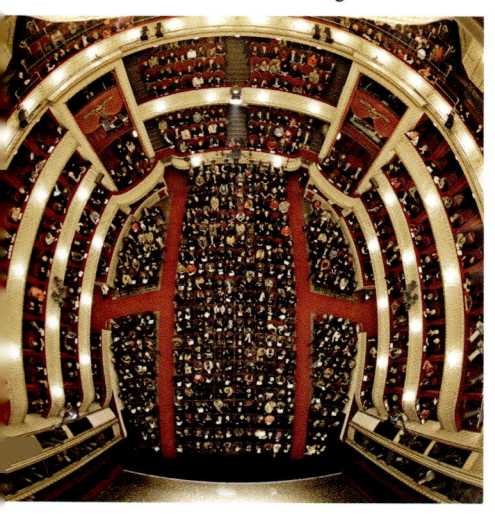

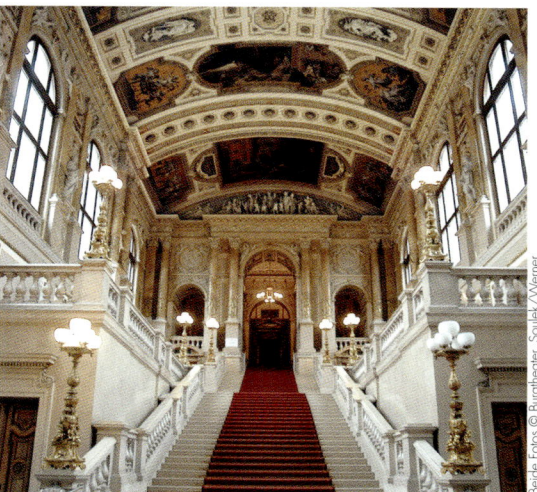

Das Hauptgebäude der 1365 gegründeten Universität wurde zwischen 1877 und 1884 von Heinrich von Ferstel geplant.

Die (alte) Wiener Börse (1874 bis 1877 im Stil der Neorenaissance errichtet) ist ein weiteres Gebäude Theophil von Hansens.

Die Votivkirche wurde als Dank für ein fehlgeschlagenes Attentat auf Kaiser Franz Joseph I. errichtet. Ihre beiden neogotischen Türme sind 99 Meter hoch.

Nach den großen Schäden des Zweiten Weltkriegs war die Eröffnung des 73 Meter hohen Ringturms im Jahr 1955 ein Meilenstein beim Wiederaufbau der Stadt.

Rundgang entlang der Sehenswürdigkeiten der Ringstraße

Das kaiserliche Wien: Die Hofburg

Nicht mehr exakt zu datieren, etwa um die Mitte des 13. Jahrhunderts, begann der böhmische König Ottokar II. Premysl mit dem Bau einer Burg und eines Burggrabens. Es war genau an dem Ort, an dem sich heute der Schweizertrakt der Hofburg befindet. Als dieses Gebäude – kein Palast, eher eine Befestigungsanlage mit Wohnturm – 1279 erstmals urkundlich erwähnt wurde, war Ottokar bereits besiegt. Ihm folgte Rudolf I. als erster römisch-deutscher König aus dem Geschlecht der Habsburger.

Die Hofburg ist kein einheitlicher Bau, vielmehr ist sie im Laufe von sechs Jahrhunderten gewachsen: von Ferdinand I. (1531–1564), dem ersten Habsburger, der sich in Wien zu Hause fühlte, bis zu Franz Joseph I. (1848–1916), der die Weichen stellte, um Wien zur Weltstadt werden zu lassen, wurde an diesem unregelmäßigen Gebäudekomplex immer weiter gebaut. Meist geschah dies ohne Rücksicht auf den architektonischen Zusammenhang, sodass sich das riesige Ensemble heute als scheinbar zufälliges Nebeneinander verschiedenster Stile präsentiert.

> Wir empfehlen Ihnen, die Besichtigung der Wiener Hofburg auf dem Michaelerplatz zu beginnen. Gehen Sie aber nicht sofort durch das Michaelertor (siehe Bild unten), sondern zunächst links am Tor vorbei in die Reitschulgasse.

© Gerhard Vlcek

In der Reitschulgasse sehen Sie linkerhand die Stallungen der Spanischen Hofreitschule (Bild oben). Sie diente ursprünglich der reiterlichen Ausbildung der kaiserlichen Familie und zählt heute zum UNESCO-Weltkulturerbe. Rechterhand befindet sich der Eingang zur 1735 eröffneten Winterreitschule (Bild unten). Der Lipizzaner (Bild rechts) ist die älteste Kulturpferderasse der Welt.

Das kaiserliche Wien: Die Hofburg

An die Reitschulgasse schließt der Josefsplatz an. Im Bild sehen Sie links den Eingang zur Nationalbibliothek, rechts den Redoutensaaltrakt. Das Reiterstandbild zeigt Kaiser Joseph II. (1741–1790). Auf dem Josefsplatz befindet sich auch der Eingang zur ...

... Augustinerkirche: Das 1349 geweihte gotische Gotteshaus stand zunächst frei, die umliegenden Gebäude der Hofburg wurden erst später errichtet. Im Jahre 1634 wurde die Augustinerkirche zur kaiserlichen Hofpfarrkirche ernannt, in der man die Trauungen der Habsburger vollzog.

Die Hofbibliothek (heute Österreichische Nationalbibliothek) wurde nach den Plänen von Johann Bernhard Fischer von Erlach errichtet und 1735 fertig gestellt. Der barocke Prunksaal zählt zu den eindrucksvollsten Bibliotheksräumen der Welt.

Durch die Augustinerstraße erreichen Sie einen weiteren Palast der Hofburg, das Palais Erzherzog Albrecht. Es beherbergt eine bedeutende grafische Sammlung mit Exponaten von der Spätgotik bis hin zur zeitgenössischen Kunst, die Albertina.

Um in den Burggarten zu gelangen gehen Sie einfach rund um die Albertina herum. Im Palmenhaus befinden sich heute das Schmetterlinghaus sowie ein beliebtes Café-Restaurant.

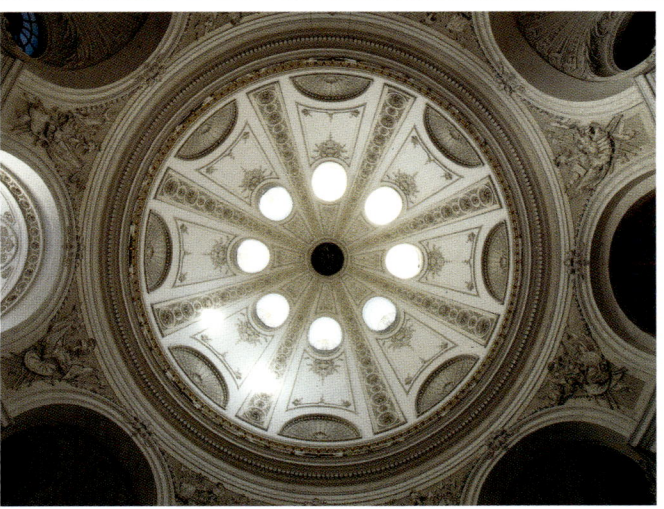

Nachdem wir Ihnen die östlichen Gebäude der Hofburg vorgestellt haben dringen wir nun ins Herz des ehemaligen kaiserlichen Hofes vor. Gehen Sie dafür bitte wieder zurück zum Ausgangspunkt, zum Michaelertor (siehe Seite 48)!

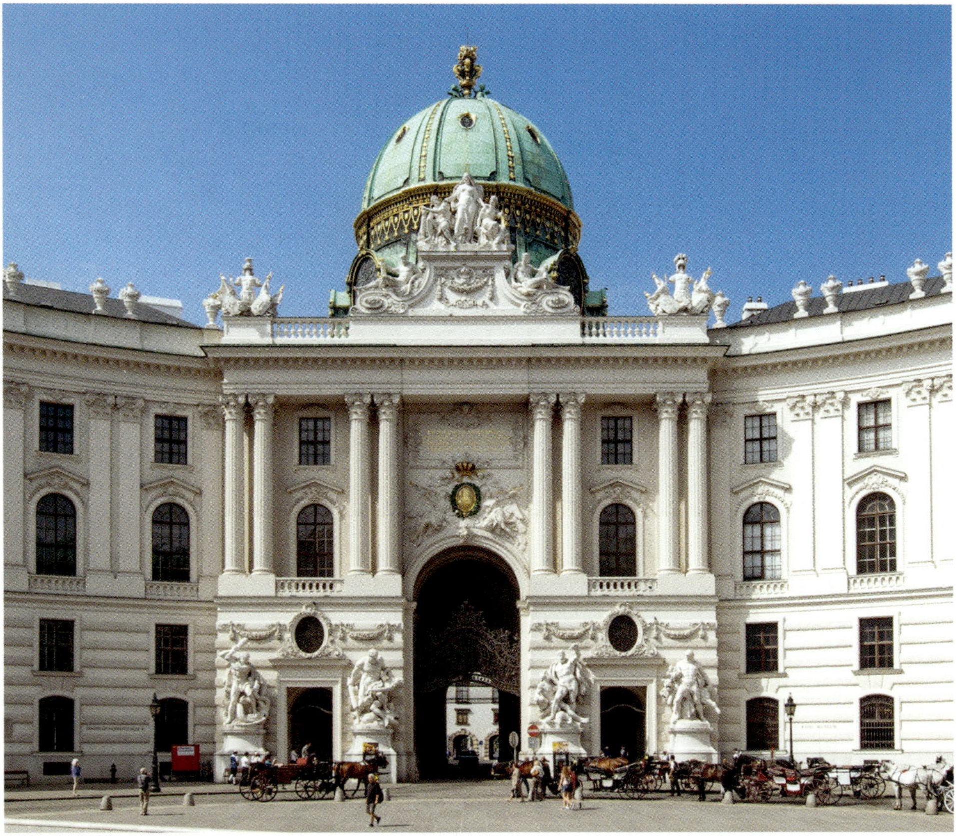

Joseph Emanuel Fischer von Erlach, der Sohn des großen Barockbaumeisters, plante den Michaelertrakt bereits 1726. Aber erst etwa 150 Jahre später, nach der Übersiedlung des alten Burgtheaters an die Ringstraße, konnte dieses Bauwerk mit Tor und prächtiger Kuppel realisiert werden.

© picturedesk.com

Wenn Sie das Michaelertor durchschreiten, erreichen Sie den Inneren Burghof. Die Amalienburg zählt zu den ältesten Bauwerken der Hofburg, sie wurde als Residenz für Kaiser Rudolph II. (1552–1612) errichtet. Das Bauwerk stand ursprünglich frei, ist heute jedoch mit dem Leopoldinischen Trakt (im Bild links) und dem Reichskanzleitrakt (rechts) verbunden.

Durch das rot-schwarze Schweizertor, einem prunkvollen Portal mit kaiserlichem Adler, gelangt man in den Schweizerhof. Dieser entspricht in seiner Form der im 13. Jahrhundert errichteten Burg, wurde jedoch Mitte des 16. Jahrhunderts im Renaissancestil umgebaut.

Im Schweizerhof stößt man auf die Burgkapelle (im Kern aus der Zeit um 1287/88, Bild oben rechts) sowie die Schatzkammer, eine Abteilung des Kunsthistorischen Museums.

Bilder links (von oben nach unten): Österreichische Kaiserkrone; Thron-Wiegenbett, Geschenk der Stadt Paris an Napoleon Bonaparte und Marie-Luise; Smaragdgefäß von 1641 mit einem der größten Smaragde der Welt.

Durch ein weiteres Tor erreichen Sie den Heldenplatz mit der Neuen Hofburg. Sie ist das jüngste Bauwerk im Kaiserviertel und zählt zu jenen Gebäuden des Historismus, die ab

1860 entlang der Ringstraße errichtet wurden. Die beiden Reiterdenkmäler vor der Neuen Hofburg stellen die Feldherren Erzherzog Karl und Prinz Eugen dar.

Schloss Schönbrunn

Dem großen Barockarchitekten Johann Bernhard Fischer von Erlach (1656–1723) verdankt Wien bedeutende Baudenkmäler, etwa die Karlskirche oder den Prunksaal der Nationalbibliothek. Auch Schönbrunn geht auf seine Pläne zurück, wenngleich Maria Theresia, die diesen Ort liebte, das Schloss ab 1744 von Nikolaus von Pacassi umbauen und erweitern ließ.

Die geschichtliche Bedeutung Schönbrunns ist groß: über Jahrhunderte war es Sommerresidenz der Habsburger, Napoleon bezog hier zwischen 1806 und 1809 Quartier, während des Wiener Kongresses (1814/15) waren die Machthaber Europas zu Gast. Kaiser Franz Joseph I. wurde in Schönbrunn geboren und starb dort auch. Kaiser Karl I. unterschrieb 1918 in diesem Schloss seinen Regierungsverzicht und besiegelte damit das Ende der Donaumonarchie.

Als die Republik Österreich im Jahr 1919 per Gesetz das Vermögen der Habsburger übernahm, gelangte Schloss Schönbrunn in Staatsbesitz. Es wurde 1996 von der UNESCO als Weltkulturerbe anerkannt und wird jährlich von knapp zwei Millionen Menschen besucht.

© Mirau/picturedesk.com

Kaiser Joseph II. verordnete in den 1780er-Jahren, alle Prunkbauten des Staates Österreich-Ungarn und des Hauses Habsburg in „Schönbrunner Gelb" zu malen.

© Wiesenhofer/Österreich Werbung

Schloss Schönbrunn, Nordfassade mit Ehrenhof.

© Gerhard Vlcek

Einen prächtigen Blick über den 1,6 Quadratkilometer großen Schlosspark hat man von der 1775 errichteten Gloriette.

Schloss Schönbrunn

Im Jahr 1736 entstand durch die Heirat des Herzogs von Lothringen, dem späteren Kaiser Franz I. Stephan von Lothringen mit Erzherzogin Maria Theresia, der Erbin des Hauses Habsburg, das Herrscherhaus Habsburg-Lothringen.

Das Kaiserpaar führte eine glückliche Ehe und schenkte 16 Kindern das Leben. Obwohl nie zur Kaiserin gekrönt, lenkte Maria Theresia 40 Jahre lang die Regierungsgeschäfte der Monarchie. Sie führte wichtige Reformen durch und setzte sich als Bauherrin zahlreiche Denkmäler.

Der **Tiergarten Schönbrunn** zählt zu den schönsten Zoos in Europa. Auf einer Fläche von 17 Hektar sind 730 Tierarten zu bestaunen. Der Zoo ist täglich ab 9 Uhr geöffnet und schließt um 16.30 bzw. 18.30 Uhr (Winter/Sommer). Eintritt € 18,50.

Kaiser Franz I. Stephan von Lothringen, der die Staatsgeschäfte seiner Gemahlin Maria Theresia überließ, widmete sich ganz den Naturwissenschaften. Er gründete 1752 den Schönbrunner Tiergarten, ein Jahr später den Botanischen Garten. Der Zoo, er ist der älteste der Welt, sorgte im Jahr 2007 mit der Geburt von Panda-Baby Fu Long für eine Sensation; man züchtet hier auch erfolgreich Eisbären, Elefanten und Sibirische Tiger. Neueste Errungenschaft ist die im Mai 2014 eröffnete Eisbärenwelt „Franz Josef Land".

Etwa zehn Minuten gehen Sie von der Ringstraße über den Schwarzenbergplatz zum Schloss Belvedere, oder Sie nehmen einfach die Straßenbahnlinie D. Die Eintrittspreise sind gesalzen, für das Obere Belvedere etwa € 14,– (täglich 10 bis 18 Uhr), Kombi-Tickets bis zu € 30,–.

Das Untere Belvedere wurde bereits 1716 fertiggestellt.

Schloss Belvedere

Nach dem endgültigen Sieg über die Türken 1683 und der Annexion Ungarns erlebte Wien eine glanzvolle Periode. Ein prächtiges Zeugnis dieser Zeit ist der Sommersitz des berühmten Feldherren Prinz Eugen von Savoyen, das Schloss Belvedere. Das Barockensemble setzt sich aus dem Prunkschloss, dem 1721 bis 1723 erbauten Oberen Belvedere und dem deutlich kleineren, schon 1716 fertiggestellten Gartenpalais, dem Unteren Belvedere, zusammen. Die Schlösser verbindet eine prächtige Parkanlage.

Entworfen wurden diese Schlösser von Johann Lucas von Hildebrandt (1668–1745), dem als Architekten ähnliche Bedeutung zukommt wie Fischer von Erlach. Nach dem Tod Prinz Eugens fiel das Belvedere in den Besitz der Habsburger. Heute befindet sich eine bedeutende Kunstsammlung, die Österreichische Galerie Belvedere, in seinen Räumlichkeiten.

Im Goldkabinett steht die Marmorstatue Prinz Eugens von Balthasar Permoser (um 1718).

Das Haupttor trägt den Löwen, das Wappen Prinz Eugens.

© Trumler/Imagno/picturedesk.com

Das Obere Belvedere diente von Anfang an der Repräsentation, bewohnt wurde hauptsächlich das untere Schloss.

Bild links: Die Sala Terrena im Erdgeschoß ist ein Gartensaal italienischer Prägung, dessen Gestaltung auf die Studienzeit des Architekten Johann Lukas von Hildebrandt in Rom zurückzuführen ist. Die Kunstsammlung des Belvedere ist eine der bedeutendsten der Welt. Unten (von links nach rechts) Bilder von Gustav Klimt („Der Kuss"), Ferdinand Georg Waldmüller und Claude Monet.

Schloss Belvedere

65

Nur drei U-Bahn-Stationen (mit Linie U1) sind es vom Stephansdom zum Bahnhof Praterstern, dem Tor zum Vergnügungspark. Auch die U2 hält hier. Wenn Sie eher an Park und Erholung interessiert sind, nehmen Sie die Straßenbahnlinie 1.

Der Wiener Prater

Meist wird der Wiener Prater einzig mit dem weltberühmten Vergnügungspark assoziiert. Dabei wird übersehen, dass es sich hier um eine weitläufige öffentliche Parkanlage handelt, die auch heute noch zu großen Teilen aus Aulandschaften besteht. Das Gebiet des Praters erstreckt sich über sechs Quadratkilometer und ist damit drei Mal größer als das Fürstentum Monaco. Im Jahr 1564 gelang es Kaiser Maximilian, den Prater von mehreren Grundbesitzern zu erwerben, um ein umzäuntes Jagdrevier anzulegen (Jagden fanden im Prater bis 1920 statt).

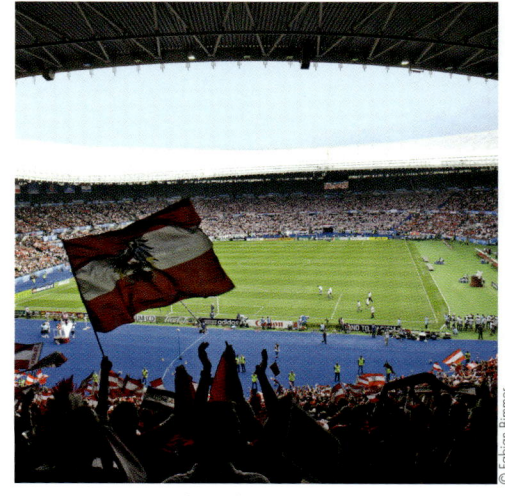

© Fabian Bimmer

Das Ernst-Happel-Stadion wurde 1931 eingeweiht. Es fasst etwa 50.000 Zuschauer und zählt zu den schönsten Fußballarenen Europas.

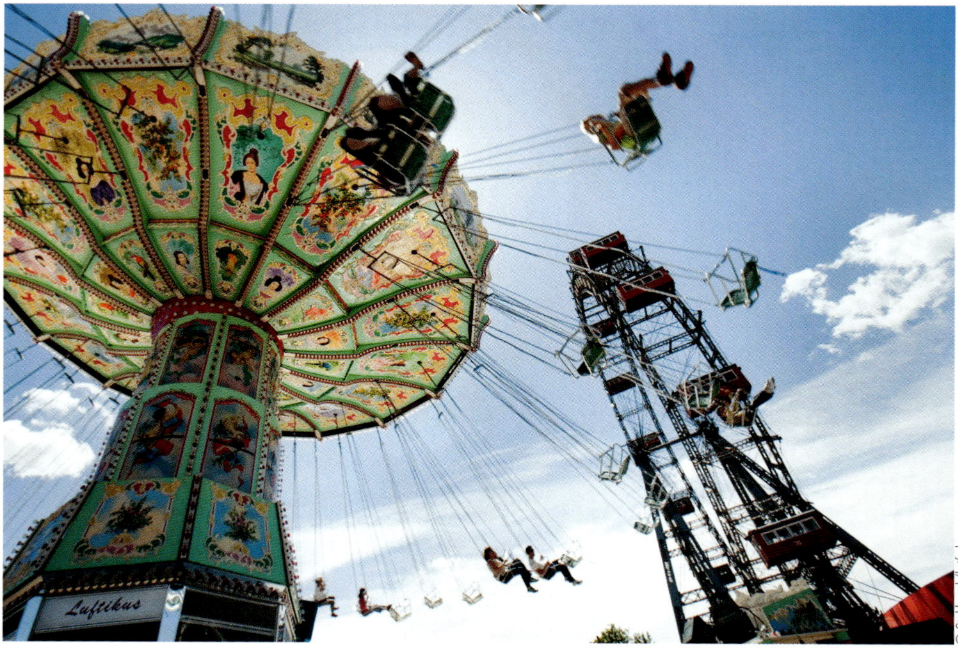

© Stukhard/laif.de

1766 gab Kaiser Joseph II. den Prater zur öffentlichen Nutzung frei und legte damit auch den Grundstein zur Entstehung des Vergnügungsparks Prater.

Zum 50sten Thronjubiläum Kaiser Franz Josephs I. im Jahr 1897 wurde das Wiener Riesen-rad eröffnet. Es war seinerzeit das größte Riesenrad der Welt und ist heute ein Wahrzeichen Wiens.

Prater

Die Donau teilt das Wiener Stadtgebiet. Während die Wiener Innenstadt westlich des Stromes liegt, befindet sich der Geschäftsbezirk Donaucity mit seinen Wolkenkratzern am östlichen Ufer. Ein beliebtes Naherholungsgebiet ist die Donauinsel (U-Bahn-Linie U1).

Bild rechts: Der Donauturm wurde 1964 anlässlich der Wiener Gartenschau eröffnet und ist mit 252 Metern das höchste Bauwerk Österreichs. Wem die Talfahrt mit dem Fahrstuhl zu wenig spektakulär ist, der kann auch am Bungee-Seil in die Tiefe rasen.

Heftig kritisiert wurde 1972 die Aufschüttung der Donauinsel (Blick vom Leopoldsberg) als Teil umfangreicher Maßnahmen zum Schutz vor Hochwasser. Heute erfüllt die 21 Kilometer lange und bis zu 250 Meter breite Insel ihren Zweck mustergültig und ist darüber hinaus als Naherholungsgebiet der Wiener nicht mehr wegzudenken. Um die Donauinsel zu begrünen, wurden etwa 170 Hektar Wald angelegt.

Die Donaucity ist ein neuer Stadtteil am linken Donauufer, dessen Entwicklung mit dem 1979 eröffneten Hauptquartier der Vereinten Nationen (UNO-City) begann.

Der DC-Tower (Architekt Dominique Perrault, eröffnet im Februar 2014) ist mit einer Höhe von 220 Metern das derzeit höchste (Büro-)Gebäude Österreichs.

Die Straßenbahnlinie 1 bringt Sie in wenigen Minuten von der Ringstraße zum Hundertwasser-Krawina-Haus (Station „Hetzgasse").

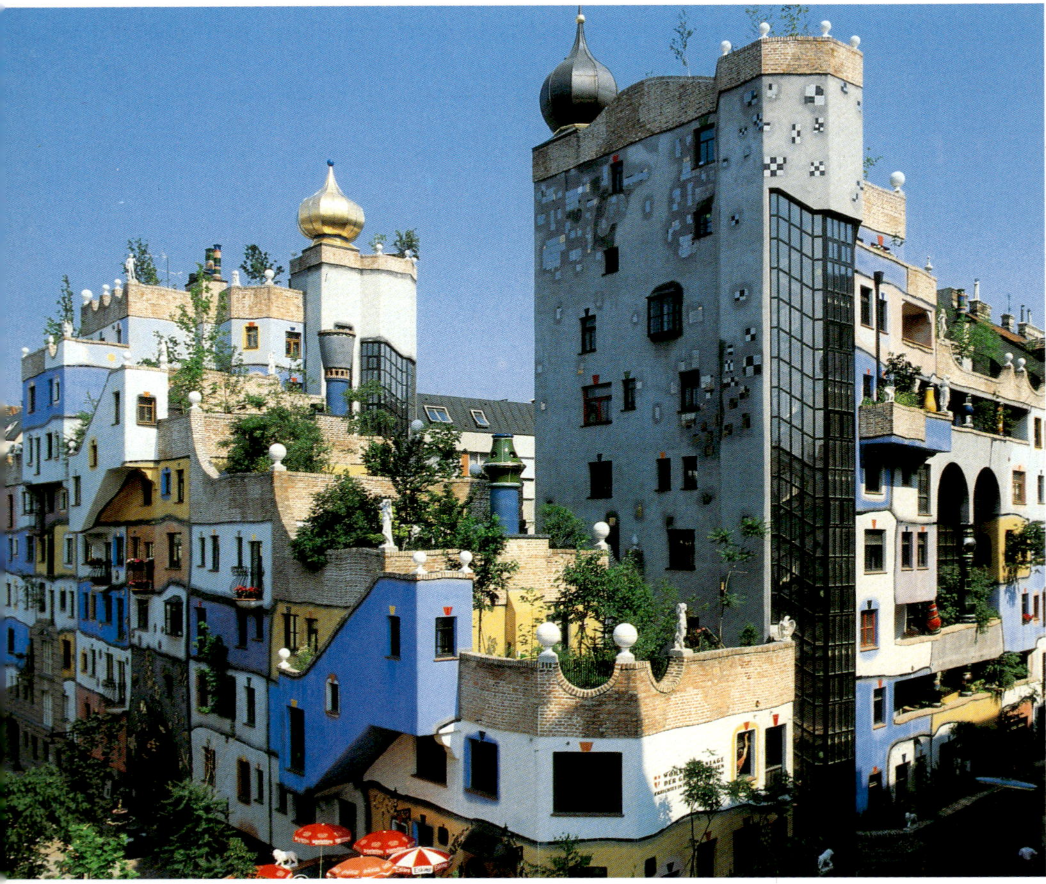

Hundertwasser-Krawina-Haus: Entwurf: Prof. J.Krawina; Maler: F. Hundertwasser; Planung: Prof. J.Krawina, P. Pelikan. Foto © Kurt Pultar

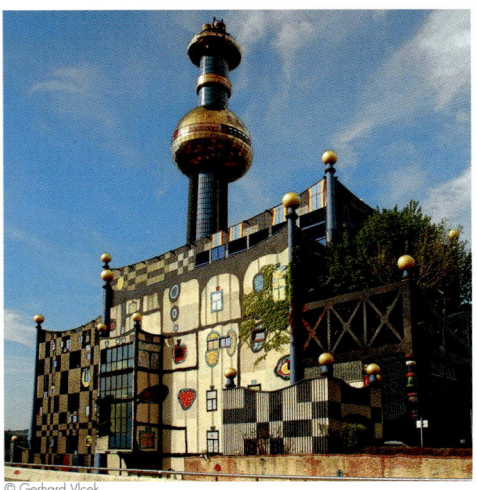

© Gerhard Vlcek

Der Künstler Friedensreich Hundertwasser (1928–2000) gestaltete ein zwischen 1983 und 1985 errichtetes Wohnhaus im dritten Wiener Gemeindebezirk (Hundertwasser-Krawina-Haus, oben). Hundertwasser wurde durch die Architektur von Antoni Gaudí stark beeinflusst.

Etwas abseits vom Wiener Stadtzentrum liegt die Müllverbrennungsanlage Spittelau (Bild links), ein weiteres interessantes Werk Hundertwassers.